PARIS EN 1880,

ALLÉGORI-COMICO-VAUDEVILLE

EN UN ACTE.

PAR M. ADER VERDEAU.

PARIS

IMPRIMERIE DE J. TASTU,

RUE DE VAUGIRARD, N. 36.

*

1828

PERSONNAGES.

L'INTERPRÈTE.
LE PÈRE MÉRITE.
LA SUPÉRIORITÉ, sa fille aînée.
LE PÈRE BONSENS.
L'OPINION PUBLIQUE, sa nièce.
LE ROMANTIQUE.
LE GÉNIE ANGLAIS, son secrétaire.
LE CLASSIQUE.
L'ENNUI, son serviteur (qui le suit partout).
L'ABSOLUTISME.
LE GANACHISME, son valet de chambre.
LA ROUTINE, suivante de la Supériorité.
LE LIBÉRALISME.
LE CONSTITUTIONNEL, à ses ordres.

La scène se passe à Paris, dans un square ou place plantée d'arbres, comme on en voit à Londres.

PARIS EN 1880,

ALLÉGORI-COMICO-VAUDEVILLE EN UN ACTE.

Le Théâtre représente une espèce de tente telle qu'on en voit sur les boulevards; l'entrée en est fermée par un rideau, et au-dessus est cette inscription :

PARIS EN 1880.

PROLOGUE.

L'INTERPRÈTE, *avec une baguette à la main, et d'une voix presque glapissante.*

Arrivez, Messieurs, arrivez en foule; venez voir l'exposition nouvellement inventée par un songe-creux philantrope, qui, d'après des calculs basés sur la marche des événemens depuis quinze années, veut vous faire connaître la capitale telle qu'elle sera dans cinquante ans de ce jour.

Air *de la valse des Comédiens.*

Vous y verrez Paris tel qu'il doit être,
Ou, selon nous, du moins tel qu'il sera;
Et, grâce aux lois, les Parisiens peut-être
Seront heureux à cette époque-là.

De toutes parts on élargit les rues,
Vous n'y verrez plus de boue en hiver;
Et la poussière, en volant jusqu'aux nues,
Durant l'été n'absorbera plus l'air.

Vous n'y verrez que des femmes fidèles
Et des maris pères de leurs enfans,
Des magistrats à prendre pour modèles,
Et sans calcul des prêtres tolérans.

Vous entendrez dire que l'on s'amuse
A l'Odéon, Favart *et cœtera;*
N'allez donc pas soupçonner qu'on s'abuse,
Vous parlât-on même de l'Opéra.

Vous y verrez marcher le ministère,
Dans un sentier que l'honneur lui traça;
Aussi, Messieurs, observez de vous taire,
Ne criez pas au miracle pour ça.

Dans tous les lieux on parle en conscience,
Chez les marchands, à la Bourse, au Palais,
Et vous verrez que l'on y récompense
Le vrai talent, même chez un Français.

En outre, enfin, de ces métamorphoses
Que désiraient tous les honnêtes gens,
Vous y verrez encor bien d'autres choses
Que l'on ne peut obtenir que du temps.

Venez donc voir Paris tel qu'il doit être,
Ou, selon nous, du moins tel qu'il sera;
Et, grâce aux lois, les Parisiens peut-être
Seront heureux à cette époque-là.

Nous devons cependant vous prévenir, Messieurs, que les cadres de nos tableaux étant trop resserrés, nous ne vous montrerons pour aujourd'hui que le triomphe du classique et du libéralisme sur leurs ennemis respectifs, de même qu'il ne sera question que de quelques changemens survenus tant sous les rapports scientifiques, politiques et moraux, que dans l'aspect topographique de cette superbe capitale. Entrez, Messieurs, entrez.... vous irez prendre place parmi la nombreuse compagnie que vous voyez déjà réunie dans cette enceinte (*montrant la salle*), et il faut espérer que vous n'y serez pas tristes, car vous observerez, Messieurs, que nous ne sommes point ici à la Gaieté. (*Changement à vue.*)

L'INTERPRÈTE *encore seul.*

Le théâtre, Messieurs, représente un square à l'instar de ceux de Londres. Celui-ci se trouve au quartier de la Nouvelle-Athènes, dans l'emplacement autrefois occupé par ces immenses tas de bois à brûler, qui rendaient si riant l'aspect de la rue Saint-Lazare. Il existe aujourd'hui dans Paris plusieurs autres jardins de cette espèce, l'un au nouveau quartier Poissonnière, l'autre au Marais; un quatrième enfin dans l'île Notre-Dame, en face du pont de la Charte construit devant la Grève.

Ces squares ont été jugés nécessaires, non-seulement à l'embellissement, mais encore à l'assainissement de Paris, où la promenade est plus indispensable à la santé que dans toute autre ville du monde. On a jugé que les habitans de ces divers quartiers si populeux perdaient leur temps en gagnant de la fatigue (surtout avant les *Omnibus*) pour aller prendre l'air, le soir, au Luxembourg ou aux Tuileries, d'où d'ailleurs on les faisait sortir à l'instant où ils auraient dû s'y rendre. Attention donc, Messieurs! le spectacle va commencer.... Je vous annonce le Mérite personnifié, la Supériorité, sa fille aînée, et des Difficultés sans nombre, toutes à son service et préposées à sa garde. (*Il sort.*)

SCENE PREMIERE.

LE PÈRE MÉRITE, LA SUPÉRIORITÉ ET LES DIFFICULTÉS.

CHOEUR.

Air : *Charles-Quint*, de Masaniello.

A jamais nous sommes ses gardes,
Nous lui devons tous nos momens,
Et bien mieux que des hallebardes,
Notre aspect chasse les amans.

LE PÈRE MÉRITE.

C'est bon, c'est bon.... vous pouvez nous laisser un moment.... nous n'avons à redouter ici que les tentatives du Romantique.

LA SUPÉRIORITÉ, *à part.*

Oh! quel bonheur! nous sommes convenus de nous y rencontrer....

LE MÉRITE.

Ainsi la surveillance de votre doyenne à toutes, la Routine, nous est suffisante.... Allez, mes petites amies, allez.... et tâchez de vous donner des mines moins soucieuses et moins revêches, si c'est possible....

LA SUPÉRIORITÉ.

Vous me laissez précisément, mon père, cette vieille ganache de Routine, qui ne cesse du matin au soir de me répéter la même chose.

LE MÉRITE.

Elle m'a rendu de si grands services à ton égard....

LA SUPÉRIORITÉ.

Oui.... j'en conviens.... et si ça continue, je cours grandement les risques de rester fille toute ma vie.

LE MÉRITE.

Ne voudrais-tu pas aussi que je te donnasse au premier venu de ces milliers de prétendus génies qui se creusent inutilement la tête pour enfanter du neuf.

Air : *Ces postillons sont*, etc.

On ne saurait leur trouver une excuse,
Car ils sont par trop ennuyeux,
Ils ne font rien qui nous amuse....
On ne retouche que le vieux,
On se répète à qui mieux mieux;
Et nos auteurs, qu'il faut qu'on plaigne,
Pourraient fort bien mettre en écrit
Comme un barbier sur une enseigne :
Ici l'on rajeunit.

L'autre jour encore, qui t'a préservée de devenir victime du rapt de l'un d'eux ?... la Routine.

LA ROUTINE.

Monsieur !...

LE MÉRITE.

Je ne vous parle pas.

LA ROUTINE.

Vous parlez de moi, toujours.

LA SUPÉRIORITÉ, *de mauvaise humeur.*

Sans doute, mais pas à vous.... Qu'est-ce que c'est donc que cette vieille bougonneuse !...

LE MÉRITE.

Pourquoi donc, ma fille, prends-tu avec elle un ton si maussade ?... Elle est pourtant bien respectable....

LA SUPÉRIORITÉ.

Depuis quelque temps, mon père, je ne puis la sentir.

LE MÉRITE.

Pourquoi.... depuis quelque temps ?

LA SUPÉRIORITÉ, *avec hésitation.*

Mon père...., c'est que....

LE MÉRITE.

Il y a là quelque arrière-pensée que je veux connaître.

LA ROUTINE.

Eh bien ! Monsieur, puisqu'il faut vous le dire, Mademoiselle aime....

LE MÉRITE.

Elle aime !...

TOUTES LES DEUX.

Oui, Monsieur.... oui, mon père.

LE MÉRITE.

Eh ! qui donc aime-t-elle, s'il vous plaît ?...

LA ROUTINE.

Le Romantique, Monsieur, dont vous venez à l'instant même de prononcer le nom devant elle.

LE MÉRITE.

Elle aime le Romantique ?

LA SUPÉRIORITÉ.

Puisqu'elle vous l'a dit, mon père, je ne m'en défends pas.... Jugez maintenant si je puis la sentir, elle qui seule depuis cinquante ou cinquante-cinq ans, empêche ce jeune homme d'arriver jusqu'à moi.

LE MÉRITE.

Il serait possible !... Eh que va devenir ce pauvre Classique.... lui qui soupire depuis si long-temps ?

LA SUPÉRIORITÉ.

Ah! ma foi.... il s'arrangera.... il lira les cinquante-sept volumes de M. de Laharpe....

LE MÉRITE.

Oui! belle consolation!... il les sait par cœur d'un bout à l'autre....

LA SUPÉRIORITÉ.

Air : *Chaque soir au boulevard du Temple.*

Mon père, ça ne veut rien dire :
J'ai vu souvent plus d'un lecteur
Deux ou trois fois lire et relire,
Sans s'en douter, le même auteur.
Croyez qu'il pourra s'y méprendre ;
Chez moi ce n'est point une erreur,
On en a vu ne pas comprendre
Même ce qu'ils savaient par cœur.

LE MÉRITE.

Mais enfin, s'il remplit les conditions auxquelles je lui promis ta main....

LA SUPÉRIORITÉ.

Il ne remplira rien, mon père, il est trop vieux.... tandis que le Romantique, au contraire (*avec expression*).

LE MÉRITE, *la contrefaisant.*

Ah! sans doute, le Romantique!... Mais toi, qui en parles si passionnément, le connais-tu bien pour t'en amouracher ainsi? Qu'est-ce que le Romantique, voyons?

LA SUPÉRIORITÉ, *avec feu.*

Le Romantique, mon père, est un jeune homme dans toute la force de l'âge, beau comme les Amours, ou, si vous le préférez, laid comme une chenille, hideux comme un vampire, mieux fait que l'Apollon du Belvédère (car il n'est pas bien fait du tout selon lui), ou bien encore bâti comme le petit Homme rouge de M. Béranger. Sa physionomie, tout à la fois mâle et modeste, fière et sentimentale, pittoresque et sauvage, le fait juger au premier aspect susceptible des conceptions les plus hardies dans tous les genres, et qui ne laissent apercevoir à l'imagination la plus active aucunes bornes dans la carrière où il lance ses nombreux prosélytes.

LE MÉRITE.

Qu'est-ce que c'est qu'un monstre pareil, grands dieux!

LA SUPÉRIORITÉ.

C'est celui que j'aime, mon père, celui que j'adore à un tel point, qu'il faudra qu'il m'obtienne, et il m'obtiendra.

LE MÉRITE.

Un arlequin moral de cette espèce n'aura jamais la Supériorité.... n'y compte pas.

LA SUPÉRIORITÉ.

Si, mon père, si.... vous le verrez et il vous plaira.... Il est si naturellement gai, si profondément sérieux, si énergiquement cruel, si platoniquement amoureux, si nonchalamment sentimental!

LE MÉRITE.

Ta! ta! ta! eh! qu'a-t-il donc fait de si merveilleux, ton Romantique, au bout du compte? rien.

LA SUPÉRIORITÉ.

Jusqu'à présent, j'en conviens, nous n'avons de lui que des promesses, mais elles sont magnifiques. A sa voix, des milliers de plumes, de pinceaux, de ciseaux, d'acteurs, de danseurs, d'orateurs, d'inventeurs, et malheureusement d'imitateurs, car ces derniers sont en majorité, se sont torturés et se torturent encore l'imagination pour sortir de l'ornière.

LE MÉRITE.

Il faut qu'elle soit diablement profonde, l'ornière, car ils ont bien de la peine à s'en tirer.

Air de *la Robe et les Bottes.*

Depuis long-temps j'attends de ces ouvrages
Dignes d'aller à la postérité;
Mais on ne voit que de longs bavardages
Marqués au coin de la médiocrité.

LA SUPÉRIORITÉ.

Les bons écrits ne sont pas trop faciles;
Bien rarement il naît un bon auteur;
Le monde entier est rempli d'imbéciles,
Et malgré lui l'homme est imitateur.

LE MÉRITE.

Nous reprendrons cet entretien plus tard, car j'aperçois le père Bonsens et sa nièce l'Opinion publique, qui se dirigent vers nous....

SCÈNE II.

LES PRÉCÉDENS, LE PERE BONSENS, L'OPINION PUBLIQUE.

LE MÉRITE, *lui prenant la main.*

Eh! bonjour donc, mon vieux camarade!

LA SUPÉRIORITÉ, *à l'Opinion publique.*

Dieux! ma bonne amie, comme vous êtes changée depuis que je ne vous avais vue!

L'OPINION PUBLIQUE, *soupirant.*

Hélas!....

LE PÈRE BONSENS.

Vous voyez, Mademoiselle, une victime de l'Amour.

LE MÉRITE.

Comment!... l'Opinion publique!

LE BONSENS.

Est éperdument éprise d'un jeune cosmopolite qu'elle aperçut à peine en France de 1816 à 1836.

LA SUPÉRIORITÉ.

Comment, ma chère amie, vous aimez, vous aussi?

L'OPINION PUBLIQUE.

Hélas! oui, j'aime, et un ingrat encore.... qui fait, dans l'univers entier qu'il parcourt, mille et mille conquêtes partout où il peut être apprécié.

LE MÉRITE.

Et quel est donc cet être si favorisé du ciel et si chéri sur la terre?

LE BONSENS.

Le Libéralisme....

LE MÉRITE.

Vraiment?

LE BONSENS.

Elle ne répond jamais à toutes mes objections à cet égard que par ces mots : l'Opinion publique est pour le libéralisme....

Air de *Céline*.

C'est ce qu'elle me dit sans cesse,
L'ame en proie au plus vif transport,
Et je ne puis, dans ma sagesse,
Décemment dire qu'elle a tort....
Je prends aussi le parti de me taire.

LE MÉRITE.

Vous le devez, mon ami, je le sens,
Car si vous disiez le contraire,
Vous ne seriez plus le Bonsens.

Cependant, encore, faut-il être raisonnable et savoir où prendre celui qu'on aime.... Parlez-en à qui vous voudrez en particulier, tout le monde vous dira bien : Je vous assure qu'il domine.... qu'il a la majorité, qu'il fait des progrès immenses.... Mais s'agit-il de le montrer en public?... Brrrr! il n'y a plus personne qui le connaisse.... et il y a déjà bien longtemps que ça dure....

LA SUPÉRIORITÉ.

Vous voyez bien, ma chère, que vous ne pouvez épouser un mot vide de sens.... car ce n'est que ça, votre passion.

L'OPINION PUBLIQUE.

Je le veux, vous dis-je, et je l'aurai.

LA SUPÉRIORITÉ.

Allons, elle est tout-à-fait exaspérée. Venez, ma bonne

amie, venez vous promener avec nous dans ce square.... vous en avez besoin.

LE BONSENS.

Oui.... tâchez de la distraire un peu.... Autrefois, du vivant de sa marâtre, l'Autorité ministérielle, on envoyait chercher les gendarmes pour la faire taire.... mais aujourd'hui, grâce à moi, il n'y en a plus.... et d'ailleurs je ne la prends jamais que par la douceur. (*Ils sortent tous.*)

SCÈNE III.

LE GÉNIE ANGLAIS, *seul.*

C'est ici qu'il a donné rendez-vous à celle qu'il aime; je ne serais pas fâché de la connaître.... j'aurai l'air d'ignorer qu'ils devaient s'y rencontrer.

Eh! mais je ne me trompe pas.... c'est le Constitutionnel. Depuis quand donc est-il à Paris? Dieu me pardonne! il est en livrée....

SCÈNE IV.

LE GÉNIE ANGLAIS, LE CONSTITUTIONNEL.

LE CONSTITUTIONNEL.

Comment!... le Génie anglais dans notre capitale!...

LE GÉNIE.

Comme tu vois, mon cher; mais je devrais être presque aussi étonné que toi de t'y rencontrer.

LE CONSTITUTIONNEL.

Ah! que veux-tu? les vicissitudes humaines....

LE GÉNIE.

Après une absence de vingt années, comment se fait-il que je te retrouve.... sous ce costume précisément?

LE CONSTITUTIONNEL.

Je te le dis.... les vicissitudes humaines.... Il y a bien longtemps, si tu te rappelles, j'avais plus de vingt mille abonnés. L'Envie en fut éveillée.... la Calomnie, son inévitable satellite, se déchaîna bientôt contre moi.... Je perdis insensiblement un grand nombre d'abonnés, dont les opinions exaltées ne trouvaient plus en moi cette énergie qu'ils auraient exigée.... et par une bizarrerie que mon titre rendait encore plus piquante, plus l'esprit public devenait constitutionnel, plus l'émigration de mes lecteurs était considérable....

Air *du Ménage de garçon.*

De tout temps je voulus paraître
Ce que j'avais toujours été,

Et mon titre devait bien être
Garant de ma fidélité.

LE GÉNIE ANGLAIS.

Moi, je te crois, en vérité,
Mais c'était dans le temps, j'y pense,
Où tous vos marchands aigrefins
Mettaient : *Maison de confiance*
Au-dessus de leurs magasins.

LE CONSTITUTIONNEL.

Oui, cela put bien me faire tort.... Enfin vers 1835 ou 36, il surgit tout-à-coup, par l'effet d'une loi qui assura pour jamais la liberté de la presse, une telle quantité de journaux tous plus indépendans les uns que les autres, que je tombai à plat.... Ne sachant plus que faire alors.... j'allai parcourir le monde.... Je gagnai la Turquie; elle était encore, à cette époque, le théâtre d'une guerre d'extermination, et ce fut non loin de là que je rencontrai le Libéralisme sur le mont Caucase, un télescope à la main, qui distinguait très-clairement qu'il n'était pour rien dans la lutte.... Touché de l'état de dénuement dans lequel il me vit, et en souvenir de ce que jadis j'avais fait pour lui.... il m'offrit d'entrer à son service, ce que j'acceptai sur-le-champ....

Enfin depuis trois jours nous sommes à Paris, d'où nous ne sortirons plus désormais, je l'espère, car il y est chéri, fêté et chanté par tout le monde.

LE GÉNIE.

Mais je ne conçois pas qu'un journal ait pu tomber comme tu dis l'avoir fait....

LE CONSTITUTIONNEL.

Comment! le journal?... pas du tout, c'est moi seul, le titre.... Quoi! tu as pensé?...

LE GÉNIE.

Je croyais....

LE CONSTITUTIONNEL.

Désabuse-toi, mon cher, l'administration, les rédacteurs d'un journal sont toujours là.... Le journal ne plaît plus au public, on change le titre, et tout est fini. Ce sont bien toujours les mêmes hommes qui le rédigent, mais cela n'empêche pas que ce ne soit une feuille excellente et animée du meilleur esprit.... Mais toi.... par quel hasard te trouves-tu donc à Paris?

LE GÉNIE.

Ma foi, par amour de la nouveauté.... Tu te rappelles peut-être qu'en 1828 vinrent à Paris quelques acteurs compatriotes, tels que Kemble, Kean et Macready, dont les talens réunis et admirés ne rencontrèrent rien qui pût les balancer.

LE CONSTITUTIONNEL.

Oui, je sais.... Talma n'était plus.

LE GÉNIE.

Je crois que non.

LE CONSTITUTIONNEL.

J'en suis sûr.

LE GÉNIE, *ayant l'air de chercher.*

Air : *Lantara.*

Pourtant, si j'en crois ma mémoire,
Ils ont brillé tous quatre en même temps.

LE CONSTITUTIONNEL.

Ah! mon ami, tu peux m'en croire,
Notre tragique, hélas! tu te méprends,
Ne comptait plus au nombre des vivans.
D'ailleurs tu m'offres l'assurance
Que tout Paris les ayant entendus,
Pour les Anglais vit pencher la balance :
Tu vois donc bien que Talma n'était plus.

LE GÉNIE.

Cela se peut.... Le Romantique qui cherchait déjà depuis quelque temps à se faire un parti, me prit dans une telle amitié, qu'il n'est pas de chose qu'il n'ait faite pour me fixer près de lui.... Enfin, je consentis à devenir son secrétaire particulier.... je le suis encore.... Eh! tiens, le voici précisément qui se dirige vers nous.... Je ne veux pas qu'il me voie.... Adieu.

LE CONSTITUTIONNEL.

Il est avec mon patron le Libéralisme.... Au revoir.... (*Le Génie anglais sort.*)

SCÈNE V.

LE LIBÉRALISME, LE ROMANTIQUE, LE CONSTITUTIONNEL.

LE LIBÉRALISME.

Combien je suis enchanté de vous avoir rencontré, mon cher Romantique!

LE ROMANTIQUE.

Et moi bien plus que vous encore peut-être, cher ami, car ce n'est pas pour moi seul que je suis satisfait de vous voir de retour en France.

LE LIBÉRALISME.

J'étais loin de croire, j'en conviens, que j'y retrouverais mes affaires dans un si bon état.

LE ROMANTIQUE.

Vous y reverrez pourtant encore votre ancien rival l'Absolutisme..... toujours sur les rangs.

LE LIBÉRALISME.

Qu'est-ce que vous me dites donc là.... ce vieux démoniaque existe toujours ?

LE ROMANTIQUE.

Il a l'ame chevillée dans le corps.

LE LIBÉRALISME.

Air : *Muse des bois.*

Mais comment donc se trouve-t-il encore
Des malheureux qui veuillent l'écouter,
Quand des abus, que partout on abhorre,
Il a le soin de se faire escorter....
C'est, on le sait, un tyran hypocrite
Qui, par faiblesse ou par sa nullité,
Quoiqu'investi d'un pouvoir sans limite,
N'a jamais pu faire sa volonté....

LE ROMANTIQUE.

Comme vous dirigez seul aujourd'hui tous les gouvernemens du Nouveau-Monde, et la plus grande partie de ceux du continent, votre présence à Paris doit enfin décider le père Bonsens à vous céder exclusivement sa nièce.

LE LIBÉRALISME.

Qu'il me tarde de la revoir!

LE ROMANTIQUE.

Air : *De Préville et Taconnet.*

Ah! vous allez la trouver bien changée,
Et votre absence a produit cet effet.

LE LIBÉRALISME.

Je me repens de l'avoir affligée,
Mais à grands cris la Grèce m'appelait ;
D'ailleurs les députés de France,
A l'époque où je la quittai,
Tous enfans de la liberté,
Avaient détruit les restes de puissance
D'un triumvirat détesté.

Mais vous, mon cher, comment vont vos amours?... Avez-vous enfin l'espoir de l'emporter. (*Ici il parle bas au Constitutionnel, qui sort.*)

LE ROMANTIQUE.

M'y voilà, je pense, tout à l'heure ; il ne me manque plus qu'un Racine ou qu'un Voltaire, et s'il paraît, mon affaire est assurée.

LE LIBÉRALISME.

Diable.... comme vous y allez!... mais il n'en naît pas tous les jours, des génies de cette trempe.

LE ROMANTIQUE.

Eh! à qui le dites-vous? Cependant voilà plus d'un siècle

que Voltaire n'est plus.... et j'espère prochainement en voir briller un nouveau....

LE LIBÉRALISME.

J'en verrais aussi un autre avec bien du plaisir, car nous devons à l'ancien, sans qu'il y paraisse, une belle part de notre gloire.

LE ROMANTIQUE.

Vous surtout.

LE LIBÉRALISME.

Savez-vous qu'à nous deux, grâce à lui, nous avons fait changer la face du monde entier.

LE ROMANTIQUE.

Je le sais bien.... et Paris en est un bel échantillon.... Comparez-le donc seulement à ce qu'il était en 1828 et 30, il y a cinquante ans.

LE LIBÉRALISME.

Et même à l'époque de mon départ, en 1836.

LE ROMANTIQUE.

Tout a fort bien été, malgré la fameuse comète qui devait, en 1832, se heurter avec la terre comme deux billes de billard.

LE LIBÉRALISME.

Paris a subi des changemens tels, que j'ai de la peine à m'y reconnaître.... Plus de piétons dans les rues.... tout le monde en voiture.... des promenades charmantes dans tous les quartiers.... un théâtre gratis, le seul qui soit aux frais et sous la surveillance du gouvernement, et tous les autres par entreprise particulière.... Aussi tous les talens s'y trouvent réunis.... c'est vraiment enchanteur.

LE ROMANTIQUE.

Brrr ... vous y êtes bien !... et si vous saviez donc encore !... Avez-vous vu le port de mer, seulement ?

LE LIBÉRALISME.

Comment ! on a exécuté ce projet ?

LE ROMANTIQUE.

Réussite complète, mon cher.... des navires de 600 tonneaux.... tous les autres ports de France enfoncés. Une douane magnifique, des entrepôts immenses.

LE LIBÉRALISME.

Je n'ai encore rien vu de tout ça.

LE ROMANTIQUE.

Avez-vous visité le magnifique palais des manufactures pour les expositions des produits de l'industrie ?... Avez-vous vu encore cette superbe rue qui s'étend de la Colonnade du Louvre à la barrière du Trône ?... Cent cinquante pieds de large.... c'est on ne peut plus majestueux.... Et la fontaine de l'Eléphant?

LE LIBÉRALISME.

Enfin elle est donc achevée?...

LE ROMANTIQUE.

Non... pas encore.... mais on peut juger de ce qu'elle sera, maintenant....

LE CONSTITUTIONNEL.

Je verrai ça avec intérêt....

LE ROMANTIQUE.

Oui, on vient de refaire le modèle en plâtre, qui tombait en ruines.

LE CONSTITUTIONNEL.

Ah! diable!... ça avance.... Par exemple, je suis arrivé par la barrière de l'Etoile.... Ah! ma foi, pour le coup j'ai été émerveillé.... Il faut en convenir, c'est digne de tout éloge.... Jugez donc, moi qui croyais qu'on ne terminerait jamais ce superbe monument.... Avec quel plaisir... j'ai vu.... qu'on y travaillait encore! Ah! ça.... ce n'est pas toujours le même ouvrier....

LE ROMANTIQUE.

Oh! non certainement.... c'est le petit-fils de celui que vous avez vu.... Il ne va pas vite.... mais comme c'est fait!...

Air du *Carnaval de Béranger*.

Je demandais un jour, je me rappelle,
Comment, en France, on consentait encor,
Sans aucun but d'utilité réelle,
A consommer tant de temps et tant d'or....
On me répond : Montrez-vous moins sévère.
Ce monument, tant qu'il sera debout,
A nos neveux doit prouver, au contraire,
Qu'avec le temps on vient à bout de tout.

LE LIBÉRALISME.

Puisque nous en sommes sur ce chapitre, apprenez-moi donc ce que c'est que cette immense colonne qui domine tout Paris, et que j'ai aperçue de Versailles.

LE ROMANTIQUE.

Ah! c'est le phare unique.... il éclaire à lui seul tout Paris à la fois.

LE LIBÉRALISME.

Je n'en reviens pas.... Comment?

LE ROMANTIQUE.

Mais, mon cher, ce n'est encore rien que tout ça.... et quand vous serez réinstallé, je vous montrerai quelle perfection ont atteinte les arts et les sciences. Tenez, par exemple....

vous vous rappelez sans doute que nous avons un moyen d'apprendre à lire en moins de vingt-quatre heures....

LE LIBÉRALISME.

Oui, c'était de mon temps.

LE ROMANTIQUE.

Vous n'avez probablement pas oublié non plus qu'on s'engageait à vous apprendre une vingtaine de langues, les premières venues, dans l'espace de quelques mois....

LE LIBÉRALISME.

Oui, je me le rappelle encore.

LE ROMANTIQUE.

Eh bien! mon cher, ce ne sont là que des enfantillages. Aujourd'hui, quand vous le voudrez, dans moins de trois semaines, on vous fera lire et retenir par cœur les huit à neuf cent mille volumes de la Bibliothèque royale, y compris les manuscrits....

LE LIBÉRALISME.

Pas possible....

LE ROMANTIQUE.

Parole d'honneur!

LE LIBÉRALISME.

Voilà, il faut en convenir, une découverte bien précieuse pour l'espèce humaine.

LE ROMANTIQUE.

Elle était même devenue indispensable.... Vous sentez, quand on écrit l'histoire des Epingles, et qu'il n'est pas jusqu'aux Mouches qui ne publient leurs Mémoires....

LE CONSTITUTIONNEL *revenant*.

Monsieur, Monsieur! si je ne me trompe.... je viens de la rencontrer.... elle est par-là....

LE LIBÉRALISME.

Tu es sûr que c'est elle?

LE CONSTITUTIONNEL.

A peu près....

LE LIBÉRALISME.

Pardon, cher ami, si je vous laisse.... mais....

LE ROMANTIQUE.

Non.... je vous suis.... j'ai moi-même un rendez-vous dans ce square.

LE LIBÉRALISME.

Vraiment?

LE ROMANTIQUE.

Sans plaisanterie.

LE LIBÉRALISME.

Ah! c'est particulier.... Allons, mon ami, marchons de front à l'amour. (*Ils sortent.*)

SCÈNE VI.

LA SUPÉRIORITÉ, *seule, venant du square.*

Ils se sont endormis tous les deux.... je puis errer seule ici. Les momens sont précieux, et il n'est pas encore au rendez-vous.

Air *d'Aristippe.*

Que fait-il donc loin de sa tendre amie?
Ne sait-il pas que mon cœur est à lui?
Plus que jamais le Classique m'ennuie,
Sur ce rival il l'emporte aujourd'hui,
De son triomphe enfin le jour a lui.
Dans ce qu'il fait et dans ce qu'il éprouve,
Si de l'usage il se tient écarté,
Mon cœur, du moins, dans ce principe trouve
Un sûr garant de sa fidélité.

L'amour constant est de l'école romantique.... Mais il ne vient pas.... où donc est-il? Dans quelque coin peut-être, avec les romans de Walter Scott ou le Cromwell de Victor Hugo, l'origine de sa gloire.... J'entends quelqu'un.... Serait-ce lui?... Ciel! son rival, cet éternel Classique et l'Ennui qui le suit partout....

SCÈNE VII.

LA SUPÉRIORITÉ, LE CLASSIQUE, L'ENNUI.

LE CLASSIQUE.

Par quel heureux hasard, jeune et charmante amie,
Vous trouvé-je ici seule?.... En mon ame ravie
Votre aspect séduisant ajoute chaque jour
Une nouvelle ardeur à mon ancien amour.

LA SUPÉRIORITÉ *à part.*

Imbécile!....

L'ENNUI *bâillant.*

Comme c'est gai.... Toujours l'alexandrin à la bouche.

LE CLASSIQUE.

Amant passionné, plus encor que fidèle,
Si des adorateurs je ne suis le modèle,
Du moins j'ose espérer qu'un jour vous sentirez
Ce que mérite un cœur que vous seule inspirez.

LA SUPÉRIORITÉ *qui regardait toujours de tous côtés.*

Eh mais ! si je ne me trompe.... c'est le Génie anglais.... Il peut me dire.... Spsit-spsit.... Ecoute.... écoute donc. (*Elle sort*).

SCÈNE VIII.

LE CLASSIQUE ET L'ENNUI.

LE CLASSIQUE.

Eh bien ! qu'est-ce que tu fais donc là, nicodême, au lieu de t'en emparer....

L'ENNUI.

Je commençais à la gagner, cher maître, et si vous eussiez continué deux minutes de plus.... c'était fait, je la tenais....

LE CLASSIQUE.

Après qui en a-t-elle donc ?....

L'ENNUI.

Je ne sais pas trop.... Je viens d'apercevoir ce fou.... qu'on nomme le Génie anglais....

LE CLASSIQUE.

Quoi ! c'est pour ce va-nu-pieds qu'elle me laisse....

L'ENNUI.

Aussi bien je lui conserve encore un chien de ma chienne à celui-là.... Et sans la mode qui naguère faisait prendre le change à tout le monde, je lui en aurais donné de belles à garder ; mais il ne perdra rien pour attendre.

LE CLASSIQUE.

Tâche donc, du moins, de savoir où ils vont....

L'ENNUI.

J'y cours, cher maître, j'y cours. (*Il bâille.*)

LE CLASSIQUE.

Je t'en prie, mon ami, venge-moi de tous ces cerveaux détraqués qui bouleversent mon empire.... et révolutionnent les arts et les sciences.... Voyons.... Va donc.... Un peu de vivacité. (*Il le pousse rudement par l'épaule et le suit.*)

SCÈNE IX.

L'ABSOLUTISME ET LE GANACHISME *coiffé d'un éteignoir.*

LE GANACHISME.

Ah ! Monseigneur, la mauvaise idée que vous avez eue là.... de venir en France.... et surtout à Paris.

Air de Marianne : *Sans laisser quelque traces.*

Nous étions si bien en Espagne !
Là tout se passe à votre gré ;
Partout la peur vous accompagne,
Aussi vous êtes adoré,
Au lieu qu'ici
Votre parti
Partout honni,
N'a pas un seul ami.
On y voit clair,
Et moi je perds
Dans tous les lieux
Où l'on voit par ses yeux.
Monseigneur, je vous en conjure,
Rentrons à Madrid sur-le-champ,
Car un pareil gouvernement
N'est pas dans la nature.

L'ABSOLUTISME.

Mais tu sais bien, mon cher Ganachisme, car il faut te répéter cinquante mille fois la même chose, tu sais bien que j'eus toujours un faible pour l'Opinion publique française.

LE GANACHISME.

Je crains bien, Monseigneur, que vous n'ayez là une passion malheureuse....

L'ABSOLUTISME.

Que veux-tu? malgré ses caprices, ses irrésolutions, ses dédains même.... j'eus toujours quelque léger espoir.... Et puis d'ailleurs, puisqu'il faut te l'avouer, je suis dégoûté de l'Espagnole.... Elle est si complaisante, si disposée à faire tout ce que j'exige d'elle.... si continuellement aux petits soins pour me plaire....

LE GANACHISME.

Je conviens que c'est bien fait pour vous en dégoûter ; mais, avec tout ça, vous n'observez pas qu'ici tout le monde vous rit au nez, qu'on nous baffoue à tous les coins de rue, je crains même que quelque beau matin on ne finisse par nous lapider.

L'ABSOLUTISME.

Qu'est-ce que tu me dis là !.... Il faut donc que je sois bien distrait, parole d'honneur, je ne me suis point aperçu....

LE GANACHISME.

Ah! Monseigneur, c'est de la mauvaise foi, allons; car hier soir encore, entre cinq et six, l'un de ces trois ou quatre cents bavards du pont Louis-Seize, vous a renversé dans votre vieille désobligeante avec son beau landau tout neuf, et vous vous êtes très-bien aperçu qu'il l'avait fait exprès.... C'est comme le coup de fouet que son cocher m'a sanglé par la figure, et qui m'a fait voir trente-six chandelles....

L'ABSOLUTISME.

Ton éteignoir ne t'en a donc pas garanti ?

LE GANACHISME.

Non certainement.

Air : *Vaudeville de Julien.*

Aussi j'étais d'une fureur
A ne pouvoir me reconnaître ;
J'avais la rage dans le cœur,
J'ai bien voulu le prendre en traître,
Mais son maître, comme un Stentor,
En pérorant par sa portière,
M'a démontré que j'avais tort.

L'ABSOLUTISME.

De quoi ?

LE GANACHISME.

De me mettre en colère.

LE GANACHISME.

Vous conviendrez, Monseigneur, qu'il est par trop dur aussi de recevoir des taloches et d'avoir tort encore par-dessus le marché.... Nous qui en Espagne avions toujours raison.... quand même....

L'ABSOLUTISME *à part.*

Ce pauvre imbécile ne s'est pas aperçu que là comme ailleurs, le temps....

LE GANACHISME.

Aie, aie, aie, Monseigneur.... Sortons d'ici, si vous m'en croyez ... Voici votre damné rival, le Libéralisme, je vous en conjure, allons-nous-en.

L'ABSOLUTISME.

Tu plaisantes, je crois.... Que je fuie, moi, devant ce blanc-bec!... Tu n'y penses pas sans doute.

Air de Rossini.

Laisse-moi faire,
Et sans colère
Je vais lui prouver au contraire
Que sur la terre,
Bientôt j'espère,
On pendra
Un tel scélérat.
A tout le monde, avant son arrivée,
Il te souvient à quel point j'étais cher.

LE GANACHISME.

Oui, des humains l'espèce dépravée
Vous aime moins depuis qu'elle y voit clair.

L'ABSOLUTISME, *que le Ganachisme veut entraîner.*

Laisse-moi faire, etc.

SCÈNE X.

Les précédens et le LIBÉRALISME.

LE LIBÉRALISME *sans les voir.*

Je n'ai pu la rencontrer.... Mais n'importe.... A la manière dont les esprits sont dirigés maintenant, je n'ai plus à craindre la rivalité de cette mâchoire d'Absolutisme.

L'ABSOLUTISME *s'avançant vers lui.*

Je vous reconnais bien là.... Toujours des personnalités.

LE LIBÉRALISME.

Sans contredit, mais aussi toujours des vérités.

L'ABSOLUTISME.

Insolent!

LE LIBÉRALISME.

Je méprise vos injures, et respecte encore vos cheveux blancs, c'est-à-dire votre perruque....

L'ABSOLUTISME.

Brouillon politique.....

LE LIBÉRALISME.

Dites donc plutôt, puisque je vous succède, débrouilleur politique....

L'ABSOLUTISME.

Tout était clair sous mon règne; chaque classe de la société, satisfaite de son rang, s'en tenait à ses attributions.

LE LIBÉRALISME.

Sans doute, l'une avait le pouvoir, l'autre le droit exclusif de consommer sans rien produire, une troisième de n'obéir à personne, avec l'assurance de l'impunité, et la dernière, vexée, outragée, méprisée et déshonorée, payait pour tout le monde.

L'ABSOLUTISME.

Mais ça devait-être....

LE LIBÉRALISME.

Cela se peut.... mais pas éternellement comme vous voyez.... Aujourd'hui, chacun garde pour soi le fruit de son travail, et tous sont indistinctement admissibles aux emplois.... Lisez la Charte....

L'ABSOLUTISME.

Connais pas ça....

LE LIBÉRALISME.

Dans le fait, vous ne savez peut-être pas lire.

L'ABSOLUTISME.

Qu'est-ce que....

LE LIBÉRALISME *l'interrompant.*

Eh! ma foi.... il fut un temps où vos zélés champions s'en faisaient gloire.

Air : *Dieu tout-puissant*, etc.

Les grands seigneurs, dès qu'ils étaient aimables,
A cette époque avaient tous les talens,
Et puis contr'eux, s'ils se rendaient coupables,
Les tribunaux devenaient impuissans.
Leur ignorance aujourd'hui nous amuse,
L'histoire dit qu'ils s'en vantaient partout.

L'ABSOLUTISME.

L'histoire ment, car la science infuse,
Grâce à leur rang, leur tenait lieu de tout.

ENSEMBLE.

Les grands seigneurs, dès qu'ils étaient aimables,
Aux temps passés, etc.

L'ABSOLUTISME.

Si les miens ne savaient rien, les vôtres en savent trop.

LE LIBÉRALISME.

S'ils en eussent moins su, nous eussions été naguère pour long-temps plongés dans les ténèbres, grâce aux menées hypocrites d'un parti qui nous domina sans cesse vous et moi.

L'ABSOLUTISME.

Quelle irrévérence !.... Parler ainsi d'une classe infaillible... Indigne philosophe, exécrable athée ! j'ai pu jusqu'ici supporter vos sarcasmes, ils n'étaient dirigés que contre moi, mais je ne souffrirai pas qu'on outrage ainsi des hommes dont la sainte mission est de sauver nos ames.

LE LIBÉRALISME *impatienté.*

Allez donc au diable, avec votre engeance jésuitique.

L'ABSOLUTISME.

L'ai-je bien entendu !.... N'espérez pas que je supporterai.

LE LIBÉRALISME.

Vous supporterez tout, bonhomme, allez donc.... à votre âge.... n'avez-vous pas assez de ridicules?....

L'ABSOLUTISME.

Si vous n'êtes pas un lâche, vous allez sur-le-champ me rendre raison de pareilles injures....

LE LIBÉRALISME.

Là, là.... calmez-vous, je suis à vos ordres.... (*A part.*) Un vieux fou.... Je vais, sans qu'il s'en doute, l'emballer et l'expédier à l'étranger....

LE GANACHISME.

Est-il possible !.... Et s'il le tue, que vais-je devenir?....

SCÈNE XI.

LE GANACHISME, LE CONSTITUTIONNEL.

LE GANACHISME.

Ah! Monsieur, qui que vous soyez?....

LE CONSTITUTIONNEL *froidement.*

Je suis le Constitutionnel.

LE GANACHISME *effrayé.*

L'ancien journal?

LE CONSTITUTIONNEL.

Précisément....

LE GANACHISME *à part.*

J'ai vu le diable....

Air à faire.

A qui j'allais, dans l'ignorance,
M'adresser pour nous secourir!
Il s'en faut peu que sa présence,
De peur ne me fasse mourir.

LE CONSTITUTIONNEL.

Enfin pour vous que puis-je faire?
Car enfin il faut le savoir;
Mon aspect peut-il vous déplaire?

LE GANACHISME *d'un air hypocrite.*

Comment donc?... Non pas.... Au contraire,
Je suis enchanté de vous voir....

Car je vais peut-être, enfin, avoir, par vous, des nouvelles de mes bonnes amies, la Gazette et la Quotidienne.

LE CONSTITUTIONNEL.

Vous les connaissiez?

LE GANACHISME.

Je n'en connus pas d'autres.

LE CONSTITUTIONNEL.

Elles sont défuntes, il y a long-temps, vos bonnes amies.

LE GANACHISME.

Il se pourrait!.... Elles étaient bien vieilles, j'en conviens; mais ça n'empêche pas que je ne sois sensible à cette nouvelle.... C'était moi qui les inspirais, Monsieur, elles ne vivaient que par moi.... et tous leurs abonnés, c'était moi qui les leur procurais.... Il est vrai que j'avais une si bonne manière de m'y prendre; je n'allais pas m'adresser à ces jeunes gens qui lisent pour s'instruire.... Tout droit aux têtes à perruques, les plus décrépites. (*On entend du bruit dans la coulisse*). Qu'est-ce que c'est que ça?....

SCÈNE XII.

Les précédens, LE LIBÉRALISME ET L'ABSOLUTISME *tenant chacun par une main l'Opinion publique qu'ils rudoient, et le père Bonsens venant par derrière.*

LE PÈRE BONSENS.

C'est une indignité, Messieurs!.... On n'agit pas ainsi.... Qu'est-ce que c'est donc que ces manières?

L'ABSOLUTISME.

J'en veux ma part.... vous dis-je....

LE BONSENS.

Voulez vous finir, vieux fou?.... Voyez donc dans quel état vous la mettez.

LE LIBÉRALISME.

Que voulez-vous que j'y fasse!.... Vous l'avez vu, il a voulu la prendre de force.... l'extorquer, me la souffler.

LE BONSENS.

Laissez-moi donc tranquille. .. je ne vous reconnais pas là, vous surtout.... Il serait temps, ce me semble, de l'affranchir de pareilles commotions, il y a déjà trop long-temps que ça dure.... Reviens à toi, mon enfant, reviens à toi....

L'ABSOLUTISME.

Dans mon désespoir, je ne connais plus rien, défendez-vous, malheureux, tous tant que vous êtes; à moi le Ganachisme!

Air à faire.

L'ABSOLUTISME.

C'en est fait, je ne puis souffrir
Plus long-temps cette incertitude;
Faisons-leur, avant de mourir,
Expier leur ingratitude.

ENSEMBLE.

LE LIBÉRALISME.

Malheureux, vous allez périr;
Vous en avez la certitude;
Je ne saurai jamais souffrir
Qu'on les taxe d'ingratitude.

LE GANACHISME.

C'en est fait, nous allons périr,
C'est toute mon inquiétude;
A quoi nous sert de les punir,
Que nous fait leur ingratitude?

ENSEMBLE.

LE PÈRE BONSENS.

C'en est fait, ils vont tous périr,
Et j'en trouve la certitude
Dans leur talent de se haïr:
Ciel! quelle est mon inquiétude!

(Ils sortent en se débattant.)

SCÈNE XIII.

LE PÈRE BONSENS ET L'OPINION PUBLIQUE.

L'OPINION PUBLIQUE *revenant à elle.*

Où donc est-il ?.... Qu'il est beau !... qu'il est séduisant ! Ah ! je le sens, plus que jamais il est cher à mon cœur.... il m'a laissée dans cet état....

LE BONSENS.

Ils partent tous, à l'instant, la menace à la bouche.

L'OPINION PUBLIQUE.

La menace à la bouche !.... Ciel ! ils vont se battre.... Courons.... (*Elle s'enfuit*).

LE BONSENS *court après elle.*

Eh bien ! eh bien ! ma nièce, écoute-moi donc !....

SCÈNE XIV.

LE ROMANTIQUE, LE CLASSIQUE ET L'ENNUI.

LE ROMANTIQUE *ayant l'Ennui cramponné sur son dos.*

Veux-tu me laisser tranquille !.... Dieux ! la vilaine bête !

LE CLASSIQUE.

Tiens bon là.... tiens bon.... Venge-moi, je te prie.

LE ROMANTIQUE *qui s'est détourné.*

Eh ! mais je l'ai vu jadis à l'Athénée des arts.

LE CLASSIQUE.

Fais le moi bâiller là.... une bonne fois pour toutes....

LE ROMANTIQUE.

Eh non ! débarrassez-m'en plutôt, et restez avec moi, ça reviendra au même. (*Il bâille*).

LE CLASSIQUE *à part en le voyant bâiller.*

Air de *l'Ecu de six francs.*

O quel bonheur ! ça commence à le prendre ;
Ce cher Ennui remplit tous mes souhaits.

LE ROMANTIQUE. (*L'Ennui semble lui parler à l'oreille.*)

Mais comment donc ?,.. plutôt que de descendre,
Il m'entretient du Théâtre-Français.... (*Il bâille.*)
De Louis XI et de son grand succès....
Il me redit la princesse Aurélie...:
La Mort du Tasse !... As-tu bientôt fini ?...
Elisabeth !... Enfin c'est donc l'Ennui !...
Je le devine à cette litanie.

SCÈNE XV.

LES PRÉCÉDENS, L'OPINION PUBLIQUE, LE PÈRE BONSENS.

L'OPINION PUBLIQUE.

Est-il possible?.... Qu'est-il devenu!.... Qui sait ce qui se passe entre eux maintenant!....

LE ROMANTIQUE *allant au père Bonsens.*

Père Bonsens, je vous en conjure, débarrassez-moi de ce vilain animal; (*bâillant*) depuis qu'il me tient, j'ai la mâchoire toute disloquée!....

LE BONSENS.

Qu'est-ce que c'est donc? D'où sort il?

LE ROMANTIQUE.

Comment! vous ne le connaissez pas?

LE BONSENS.

Je ne l'ai jamais vu seulement.

LE ROMANTIQUE.

Vous êtes donc le seul, oui.... Pourtant le Bonsens n'est pas toujours des plus gais....

LE CLASSIQUE *au père Bonsens qui tire l'Ennui par une jambe.*

Je vous en prie, père Bonsens, par amour de moi!.... laissez.... laissez.

LE BONSENS.

Vous vous moquez, je crois, vous voulez qu'en votre considération?.... Allons donc.

Air : *Et du devoir de la chevalerie.*

Sur vous monsieur doit avoir l'avantage,
Malgré l'éclat de votre vieux talent;
On vous respecte encore pour votre âge,
Mais le respect est loin d'être amusant.
Par sa jeunesse il séduit au contraire,
Et vers lui seul se tournent tous les yeux;
Il n'a rien fait, mais il promet de faire :
(*A part.*) C'est, entre nous, ce qu'il a fait de mieux.

L'OPINION PUBLIQUE *désespérée, au Bonsens.*

Mon cher oncle!.... que de tristes pensées viennent déchirer mon cœur!....

LE BONSENS.

Allons donc, ma nièce, allons donc..... un peu de philosophie.

L'OPINION PUBLIQUE.

Eh! je n'en eus que trop de philosophie... Si je l'aime, n'est-ce pas par elle ?.... N'est-ce pas elle encore qui le rendit tour à tour si beau, si brave, et si grand à mes yeux ?

LE ROMANTIQUE *bâillant toujours.*

Enfin, personne n'aura donc pitié de moi....

SCÈNE XVI.

LES PRÉCÉDENS, LE PÈRE MÉRITE ET LA ROUTINE.

LE PÈRE MÉRITE *criant.*

Ma fille ! ma chère fille ! qu'est-elle devenue ?....

LA ROUTINE.

Est-il possible !.... On nous l'enlève....

LE ROMANTIQUE.

Ah ! c'est le père Mérite, il va bien me rendre ce service, ce pauvre cher homme.... De grâce, débarrassez-moi de ce maudit Ennui qui m'assomme. (*Il bâille*).

LE MÉRITE *exaspéré.*

Que je t'en débarrasse, toi, qui causes tous les miens !... Être sans foi.... qui ne vis que de rapts, de pleurs, d'extases et de grincemens de dents.

LE ROMANTIQUE *étonné.*

Qu'est-ce que c'est ? qu'est-ce que c'est ?....

LE MÉRITE.

Oui, fais donc l'étonné.... Ce n'est pas toi peut-être qui m'as ravi ma fille ? Qu'en as-tu fait ?.... réponds ?

LE ROMANTIQUE *à l'Ennui.*

Quoi.... votre fille.... aie, aie, aie.... tu m'étouffes.... animal.

LE MÉRITE.

Elle est disparue.... et toi seul....

LE ROMANTIQUE *à part.*

Je ne m'étonne plus si je ne l'ai pas rencontrée. (*Haut.*) Je vous jure, foi de Romantique....

LE CLASSIQUE.

C'est une infamie.... on n'agit pas ainsi....

LE BONSENS.

Eh bien, eh bien !... quand il l'aurait enlevée après tout....

SCENE XVII.

LES PRÉCÉDENS, LA SUPÉRIORITÉ *pensive.*

TOUS.

Eh! la voilà.... la voilà....

LA SUPÉRIORITÉ *courant à son père.*

Mon père, pardonnez-moi.... vous vous étiez endormi.... j'ai voulu me promener seule.... il est si doux d'être libre.... (*Apercevant le Romantique avec l'Ennui*). Qu'est-ce que je vois!... (*Elle s'approche et l'Ennui s'échappe*).

LE ROMANTIQUE.

Chère et tendre amie, j'étais bien sûr qu'à votre aspect l'Ennui lâcherait prise.

SCÈNE XVIII ET DERNIÈRE.

LES PRÉCÉDENS, LE LIBÉRALISME *riant en dehors*, ET LE CONSTITUTIONNEL.

LE LIBÉRALISME.

Ah! la bonne farce....

L'OPINION PUBLIQUE.

C'est lui!.... c'est le maître de mon cœur!....

LE LIBÉRALISME *prenant la main de l'Opinion publique.*

Ah! mes amis.... réjouissez-vous, mon triomphe est enfin assuré....

TOUS.

Vraiment, vraiment.... et comment cela se fait-il?

LE LIBÉRALISME.

Air d'*Un dimanche à Poissy*.

Il m'avait cherché querelle
Et je l'avais provoqué;
Bientôt le fer étincelle,
Par lui je suis attaqué.
Mais en moins d'un tour de main
Je le désarme, et soudain
Sans peine, avec son secours (*montrant le Constitutionnel*),
Quoiqu'il soit diablement lourd,
Je le terrasse et le porte
Droit chez Lafitte et Caillard;
Là nous trouvons sur la porte
La diligence qui part.
Malgré ses cris, son refus,
Nous le jetons par-dessus,
Et par nous son serviteur
Est placé dans l'intérieur.

Mais arrivés à Mont-Rouge,
Le Ganachisme, aussitôt,
S'écria : je vois un bouge,
Tel que pour nous il en faut.
Tout n'est pas désespéré,
Et par ce lieu révéré,
A jamais je régnerai,
Et cela bon gré mal gré.
A ces mots, et sans réplique,
Il s'élance dans les airs;
Mais son maître, de l'Afrique
Court habiter les déserts. (*Bis.*)

LE ROMANTIQUE.

Que vous êtes heureux!... Si je pouvais ainsi me débarrasser d'un original de rival!

LE PÈRE MÉRITE.

Eh! mes amis, puisqu'il en est ainsi, finissons-en; et si vous m'en croyez, aussi bien nous arrivons à la fin du dix-neuvième siècle.... Et que diable! il est temps de se décider.

LE CLASSIQUE.

Je ne demande pas mieux.... mais, je vous en prie, que tout se fasse dans les règles.

LE ROMANTIQUE.

C'est ça! les trois unités.... il n'en démordra pas.... Dieux! quel esprit étroit!... Il vous paraît donc bien difficile de trouver un moyen de décider qui de nous deux doit enfin avoir la Supériorité.

LE CLASSIQUE.

Ça ne me paraît pas trop aisé.

LE ROMANTIQUE.

Vous vous imaginez que c'est à son père qu'il faut s'adresser, parce que c'est l'usage.... parce que c'est la règle....

LE CLASSIQUE.

Mais certainement; et à qui donc?

LE ROMANTIQUE.

C'est ça.... jamais la moindre innovation.... Voilà à qui je m'adresse, moi. (*Au public.*) N'est-il pas vrai, Messieurs, que c'est à moi, et non à lui, que vous accordez la Supériorité?

UNE OU DEUX VOIX, *au parterre.*

Mais il n'y a pas de doute.

LE ROMANTIQUE *au Classique.*

Là.... vous l'avez entendu.... Allez donc contre une telle sentence : *Vox populi vox Dei*, ce qui veut dire : Le public a toujours raison.

VAUDEVILLE.

Air du vaudeville du *Baiser au porteur*.

LE ROMANTIQUE.

Jadis d'un puissant ridicule
Aux yeux de tous j'étais l'objet ;
En tous lieux ma voix était nulle,
Et mes promesses sans effet.
Mais aujourd'hui dans son délire
Chacun travaillant en mon nom,
Je ne puis m'empêcher de dire :
Le public a toujours raison.

LE LIBÉRALISME.

Depuis la naissance du monde,
L'homme vit pour la liberté,
Et sur moi son bonheur se fonde :
J'abhorre la servilité.
Long-temps opprimé sur la terre,
Victime d'une faction,
Il ne perdit rien à se taire :
Le public a toujours raison.

LA SUPÉRIORITÉ.

Chacun recherche mon suffrage
Dans le travail qu'il entreprend,
Et chacun pense, sans partage,
Le mériter par son talent.
Mais je ne fais qu'une réponse ;
A tous, ici, je dirai donc :
Que dans les arrêts qu'il prononce,
Le public a toujours raison.

L'OPINION PUBLIQUE, *au public.*

Je suis votre fille chérie,
Vous ne me refuserez pas ;
De notre auteur, je vous en prie,
Encouragez les premiers pas.
Messieurs, de sa pièce, pour rire,
S'il vous fait ici l'abandon,
Qu'avec plaisir il puisse dire :
Le public a toujours raison.

FIN.

www.ingramcontent.com/pod-product-compliance
Ingram Content Group UK Ltd.
Pitfield, Milton Keynes, MK11 3LW, UK
UKHW020523180726
13839UKWH00005B/2268

9 782329 426952